자두의 호기심 일기장

자두의 호기심 일기장

2017년 2월 10일 초판 1쇄 발행
2022년 11월 10일 초판 3쇄 발행

글 | 서지원
그림 | 김화미

발행인 | 정동훈
편집인 | 여영아
편집 | 김지현, 김학림, 김상범, 김지수, 변지현
디자인 | 장현순
제작 | 김종훈
발행처 | ㈜학산문화사
등록 | 1995년 7월 1일 제3-632호
주소 | 서울 동작구 상도로 282 학산빌딩
전화 | 편집 문의 02-828-8873 영업 문의 02-828-8962
팩스 | 02-823-5109
홈페이지 | www.haksanpub.co.kr

ⓒ이빈, 서지원, 김화미 2017
ISBN 979-11-256-7224-1 74330
　　　979-11-256-4573-3 (세트)

※이 책은 저작권법에 따라 한국 내에서 보호받는 저작물이므로 무단 전재와 무단 복제를 금합니다.
　이 책의 전부 또는 일부를 이용하려면 반드시 저작권자와 출판사의 동의를 받아야 합니다.
※잘못된 책은 바꾸어 드립니다.

안녕 자두야 뭐가 그리 궁금하니?

자두의 호기심 일기장

채우리

머리말
호기심은 모든 공부의 시작이에요!

호기심이 참 많은 아이가 있었어요.

어떤 과목이든 그대로 외우는 것은 싫어했어요.

풀어야 할 문제가 있으면 자신만의 방법을 만들려고 했어요.

궁금한 것이 생기면 혼자서 해결하려고 했어요.

어른들은 아이에게 수학 문제나 과학 문제를 잘 푸는 방법을

가르쳐 주었어요. 그것은 정해진 공식으로 문제를 푸는 것이었어요.

하지만 아이는 그것은 진짜로 문제 푸는 법이 아니라고 생각했어요.

아이는 자신만의 방법으로 뭐든지 해결하려고 했어요.

처음에는 힘들고 어려웠지만, 노력하면서 차차 그 방법을

찾아가니까 아주 재밌고 즐겁다는 것을 알게 되었어요.

그래서 아이는 공부가 아주 좋아졌어요.

그 아이는 어른이 되어 노벨상을 받게 된답니다.

그 아이의 이름은 리처드 파인만이에요.

20세기 최고의 과학자라고 평가받지요.

우리가 작고 가벼운 노트북을 사용할 수 있는 것도,

살균 기능이 있는 냉장고와 에어컨을 사용할 수 있는 것도,

로봇을 이용해 수술 할 수 있는 것도

리처드 파인만의 즐거운 호기심 덕분이랍니다.

여러분도 리처드 파인만처럼 호기심이 생기면

스스로, 자신의 힘으로, 누구의 도움도 받지 않고

끝까지 해결하려고 노력하세요.

어른들에게 물어보고 해결이 안 되면 지나치려고 하지 마세요.

문제를 스스로 해결할 때 여러분의 두뇌는 강력한 힘을

갖게 된답니다!

차례

호기심 1 설날에는 왜 세뱃돈을 줄까?
세뱃돈 많이 받기 작전 ★8

호기심 2 다이어트를 하면 키가 안 클까?
다이어트의 함정 ★16

호기심 3 머리카락은 계속 자라는데 눈썹은 왜 계속 자라지 않을까?
자두, 눈썹 괴물이 되다! ★24

호기심 4 원숭이 똥구멍은 왜 빨간 걸까?
원숭이 탈출 사건 ★32

호기심 5 지진은 왜 일어날까?
지진이다! 불을 꺼라! ★40

호기심 6 물고기도 잠을 잘까?
생선 눈알 파먹기 ★48

호기심 7 바다에는 소금이 얼마나 있을까?
요술 맷돌의 정체 ★ 56

호기심 8 아직 살아 있는 공룡이 있을까?
공룡 고기 배달해 주세요! ★ 64

호기심 9 방귀를 참으면 어떻게 될까?
오토바이 방귀 vs 트럼펫 방귀 ★ 72

호기심 10 우리나라 이름은 누가 지었을까?
박물관에 나타난 귀신 ★ 80

호기심 11 스마트폰을 왜 나쁘다고 할까?
미래에서 온 스마트폰 ★ 88

호기심 12 사람을 지배하는 로봇이 나올까?
인공지능 로봇 33호 ★ 96

드디어 설날이야! 올해는 기필코 세뱃돈을 많이, 아주 많이 받을 거야!

난 미미와 애기와 함께 예쁜 한복을 입고 세배를 올릴 준비를 했어. 차례가 끝나자마자 우리는 우다다다 아빠와 엄마에게 달려가 넙죽넙죽 세배를 올렸어.

"새해 복 많이 받고 제발 말썽 피우지 말고 곱디고운 소녀로 자라도록 해라."

엄마는 복주머니에 세뱃돈을 넣어 주셨어. 얼른 화장실로 가서 복주머니를 열어 봤지. 아휴, 적어도 너무 적어서 한숨이 다 나왔어.

그렇지만 내가 누구야. 절대 포기하지 않는

최자두 아니야? 세뱃돈 많이 받기 작전 개시! 나는 집 근처 공중전화로 가서 목소리를 가다듬고 우리 집으로 전화를 했어.

"여보세요. 거기 최자두 학생 집인가요? 저는 자두가 다니는 학교의 담임 선생님입니다."

"어머나! 선생님, 새해 복 많이 받으세요. 자두가 말썽 많이 피워서 힘드시지요? 무조건 죄송합니다."

엄마는 무턱대고 사과를 했어. 나 원 참! 엄마, 제가 그 정도 말썽꾼은 아니에요.

"아닙니다. 자두는 지금까지 제가 가르친 학생 중에 가장 착하고 훌륭한 학생입니다."

"네? 그게 정말인가요? 이상하네요. 뭔가 좀……."

"제 말을 믿으세요. 자두 어머니, 자두한테 제가 상을 아주 많이 주고 싶어요. 돈도 많이 주고 싶고요."

"돈이라고요?"

"훌륭한 아이는 돈을 많이 받아야 합니다. 자두한테 세뱃돈을 많이 주세요."

이렇게 말하고 얼른 전화를 끊었어. 그러고는 아무 일도 없다는 듯 집으로 갔지.

"자두야, 세뱃돈 많이 줄 테니 얼른 다시 세배해라. 백 번 아니 천 번은 해야 한다."

나는 땀을 줄줄 흘리면서 절을 하고 또 했지. 백 번도 다 못했는데 기운이 다 빠져서 철푸덕 쓰러졌어.

드디어 엄마가 복주머니를 꺼냈어. 돈이 잔뜩 들었는지 두둑해 보이더라. 얼른 받아서 화장실에 가서 복주머니를 열어 봤어. 그런데!

복주머니 안에 종이가 들어 있긴 했는데 그건 돈이 아니었어. 쿠폰이었어. 효도 쿠폰!

아빠 안마해 주기, 엄마 설거지해 주기, 애기 책 읽어 주기, 거실 청소기 돌리기, 걸레 빨기, 식탁 치우기, 엄마 심부름 하기, 아빠 낮잠 깨우기 등등. 그리고 제일 마지막에 이런 쿠폰이 있었지. 선생님 흉내 내는 거짓말하지 않기.

엄마와 아빠는 내가 가짜 선생님이었다는 걸 다 알고 계셨어. 어휴, 세뱃돈으로 너무 쉽게 돈 벌려다가 일 년 내내 효도 쿠폰 쓰게 생겼네. 앞으로 정직하게 살아야지. 그런데 세뱃돈은 왜 주는 걸까?

| 1월 28일 토요일 | 날씨 찬바람이 쌩~ 하고 분 날 |

세뱃돈을 많이 받으려고 거짓말을 했다가 오히려 벌을 받았다. 설날부터 나쁜 행동을 해서 부모님이 크게 실망하셨을 것이다. 부모님에게 정말 죄송하다. 그래도 또 내년 설날이 벌써부터 기다려진다. 올해에는 착한 일, 훌륭한 일을 많이 해서 내년 설날에는 세뱃돈을 많이 받아야지. 그런데 왜 어른들은 설날에 돈을 주시는 걸까?

참! 잘했어요

선생님 흉내를 내는 건 몹시 나쁜 행동이란다.

선생님이 도와줄게!

설날 세배를 하면 신나는 일이 기다리지요. 바로 세뱃돈을 받는 거예요. 그런데 새해에는 왜 절을 하고, 절을 한다고 왜 돈을 주는 걸까요? 오래전에는 세배를 하면 어른들이 덕담을 해 주셨어요. 덕담은 잘되기를 비는 말이에요. 그리고 덕담과 함께 떡이나 과일, 과자 같은 걸 주셨어요. 그런데 이런 전통 문화가 바뀌면서 떡이나 과일이 아니라, 돈을 주시는 거예요. 그게 바로 세뱃돈이에요. 예전에는 세뱃돈을 줄 때 꼭 봉투에 넣어 주셨고, 그 봉투에는 반드시 '책값', '학비' 같은 용도를 썼어요. 돈을 함부로 쓰지 않도록 어디에 쓸지 미리 정해 주신 거예요. 그러니까 세뱃돈을 주는 이유는, 반드시 원하는 일이 잘되기를 바라는 마음에서 주는 거랍니다.

호기심 2 다이어트를 하면 키가 안 클까?

다이어트의 함정

"자두야, 미미야, 애기야! 보고 싶었다! 얘들아!"

시골에서 막내 고모가 올라왔어. 나는 엄마 아빠랑 막내 고모가 얘기하는 걸 들었어.

"그래서 어머니께서 집에서 쫓아냈단 말이니?"

"네. 결혼하기 전에는 절대 집으로 오지 말래요."

엄마는 막내 고모에게 좋은 신랑감을 알아볼 테니 희망을 가지라고 하셨어.

막대 고모는 학교 다닐 때 역도 선수를 했어. 그래서 뒷모습을 보면 덩치 좋은 근육질 남자처럼 보여. 팔과 다리는 알통으로 꽉 찼어.

"자두야, 고모가 결혼을 못하는 건 다 이 근육 때문이야."

　고모는 독하게 마음을 먹었나 봐. 다이어트를 해서 근육과 살을 모조리 빼고 날씬한 몸짱이 되겠다고 했어.

　다음 날 새벽부터 고모는 실내 자전거를 타면서 땀을 뚝뚝 흘렸어. 밥은 아예 안 먹고 토끼처럼 풀만 먹었지.

　몸짱이 그렇게 좋은 걸까? 하긴 텔레비전을 보면 몸짱이 인기는 있더라고.

　나도 몸짱이 되면 우리 학교에서 인기 최고일 거라고 생각했어. 내 뒤를 졸졸 따라다닐 수많은 남자아이들을 떠올리니까 입가에 배시시 미소가 번졌어.

그래서 나도 고모처럼 다이어트를 하기로 했어. 아침은 굶고 점심은 학교 급식이니까 밥을 한 숟가락만 먹고 저녁은 염소처럼 풀만 먹었지. 다음 날 학교에 갔더니 돌돌이가 맛있는 돼지고기로 변해 달려오더라. 성훈이 입가에 묻은 도넛 가루를 핥아먹고 싶어지더라. 윤석이의 까만 머리통이 초코볼처럼 보이더라.

그래도 참았어. 그런데 며칠 지나니까 기운이 하나도 없고 할머니처럼 허리가 자꾸 구부러졌어.

"자두 얼굴 봐. 눈이 쑥 들어가서 해골 같아."

"자두야, 자두 맞니? 혹시 좀비 아니야?"

윤석이와 민지가 걱정을 했어.

"자꾸 말 시키지 마. 말할 기운도 없어. 난 꼭

연예인처럼 날씬해질 거야. 그때 사인해 달라고 조르지나 마."

난 비틀거리면서 물이라도 마시려고 화장실에 가다가 눈앞이 하얗게 변했어. 바닥이 갑자기 일어나 내 얼굴에 부딪치더라. 나중에 알고 보니 내가 쓰러진 거였어.

눈을 뜨니까 병원 침대에 누워 있었어. 의사 선생님이 영양실조라고 하셨어.

"가난한 나라 아이들이나 걸리는 영양실조에 우리나라 아이가 걸리다니! 허 참, 이렇게 작은 어린이가 다이어트를 하다니! 심각하구만."

나는 다이어트를 하면 예뻐지는 줄 알았다고 그랬어. 그러자 의사 선생님은 어린이는 다이어트를 하면 안 된다고 하셨어. 살을 빼려고 하다가 오히려 키가 안 큰다는 거야. 날씬해지는데 왜 키가 안 크는 거지?

| 2월 14일 화요일 | 날씨 달콤한 초콜릿 냄새가 난 날 |

고모를 따라서 다이어트를 했다가 병원에 실려 갔다. 의사 선생님 말씀을 들으니 참 바보 같은 행동이었다. 건강한 것이 예쁜 것인데 바짝 마르면 예쁠 것이라고 착각했던 것이다. 고모도 다이어트를 그만뒀다. 고모처럼 순박하고, 건강하고, 근육질의 튼튼한 여성을 좋아하는 남자를 만났기 때문이다. 여자가 날씬하다고 꼭 예쁜 게 아니라는 것을 배웠다.

건강한 것만큼 아름다운 것은 없단다.

선생님이 도와줄게!

다이어트를 하게 되면 키는 당연히 크지 않아요. 그렇다고 무조건 많이 먹는다고 키가 크는 건 아니에요. 키가 크려면 영양이 골고루 들어 있는 음식을 먹어야 해요. 가장 중요한 영양소가 바로 단백질과 칼슘이에요. 우리 몸을 만드는 데 꼭 필요한 영양소는 단백질이에요. 단백질은 소고기, 돼지고기, 닭고기 같은 고기에 많이 들어 있어요. 또 조기, 고등어, 꽁치 같은 생선에도 많지요. 뼈를 만드는 데 꼭 필요한 영양소는 칼슘이에요. 칼슘은 우유, 치즈, 요구르트 같은 음식에 풍부해요. 또 멸치처럼 뼈째 먹는 생선, 미역과 김, 양배추 같은 음식에도 많으니까 골고루 가리지 말고 먹어야 키가 무럭무럭 잘 클 수 있어요.

엄마를 따라 미용실에 갔어. 엄마는 아주 강력한 파마를 해 달라고 하셨지.
"손님, 눈썹도 정리해 드릴까요?"
"호호호, 서비스로 해 주시는 거지요? 돈 내는 거면 안 할래요."
엄마가 파마를 하던 중인데, 미용사 언니가 물었어. 공짜라니까 엄마는 얼른 해 달라고 하셨지. 미용사 언니가 면도칼로 엄마의 눈썹을 다듬었어. 들쑥날쑥했던 엄마의 눈썹이 깔끔하게 다듬어졌지. 나도 엄마처럼 하고 싶었는데 엄마가 어린이가 무슨 눈썹을 정리하냐며 단번에 거절했어.

하지만 난 꼭 눈썹 정리를 하고 싶었어. 집에 오자마자 아빠 면도기로 눈썹을 밀기 시작했지.

쓱쓱, 싹싹, 쓱싹싹!

그런데 왼쪽 눈썹을 오른쪽 눈썹보다 짧게 깎은 거야. 그래서 오른쪽 눈썹을 깎았더니 이번에는 오른쪽 눈썹이 짧은 거야. 그렇게 자꾸 번갈아서 오른쪽 눈썹, 왼쪽 눈썹, 오른쪽 눈썹, 왼쪽 눈썹을 깎았지.

으악!

어느새 내 눈썹이 사라져 버렸어! 보름달 같은 내 얼굴에 눈썹이 하나도 남아 있지 않았어! 최자두가 대머리, 아니 대눈썹이 되다니!

그때 좋은 생각이 났어. 아빠가 할아버지 선물로 드린다고 외국에 출장 갔다가 사 온 발모제가 있었어. 발모제는 털이 나게 하는 약이라고 아빠가 그러셨어.

난 발모제를 꺼내 눈썹에 쓱쓱 발랐지. 이제 눈썹이 금방 자랄 거라고 안심하면서.

저녁에 아빠가 퇴근하고 돌아오셔서 할아버지에게 전화를 하셨어.

"아버님, 이번에 제가 사 온 아프리카산 발모제는 머리카락을 무럭무럭 자라게 만드는 특효약이에요. 꼭 머리에 바르세요. 다른 곳에 바르시면 안 돼요."

자는 척하고 침대에 누워 있던 나는 아빠의 전화를 듣고 걱정이 되기 시작했어.

그날 밤, 내 꿈에 괴물이 나타났어. 그 괴물은 얼굴 전체가 털로 뒤덮여 있었지. 눈썹이 허리까지 내려와서 얼굴이 보이지 않았어. 그런데도 계속 자라는 거야.

"으아아아악! 꺅! 꺄아악!"

난 비명을 지르며 잠에서 깨어났어. 그리고 울면서

아빠에게 달려갔지.

"아빠, 죄송해요. 할아버지 선물을 제가 썼어요. 제 눈썹이 머리카락처럼 쭉쭉 자랄 것 같아요."

그러면서 어서 빨리 119로 전화해서 응급차를 불러 병원에 가자고 했지. 눈썹을 수술해야 하니까.

"자두야, 걱정 마라. 눈썹은 머리카락처럼 계속 자라지는 않는단다."

3월 12일 일요일 날씨 눈썹이 간질간질했던 날

예뻐지려고 눈썹 정리를 하다가 눈썹을 다 밀고 말았다. 내 얼굴에 눈썹이 하나도 없으니까 달걀귀신처럼 돼버렸다. 내가 내 얼굴을 거울로 보는 게 무서웠다. 그래서 아빠가 할아버지 드리려고 산 발모제를 몰래 눈썹에 발랐다. 그런데 발모제는 머리에 바르는 약이었다. 난 눈썹이 머리카락처럼 마구 자랄 것 같아 걱정이다. 눈썹아, 제발 원래대로 돌아오렴.

약은 매우 위험할 수 있으니 허락 없이 사용하면 안 돼.

선생님이 도와줄게!

머리카락은 한 달에 1cm 정도 자라서 2미터 정도까지 자라지요. 그렇지만 눈썹은 머리카락처럼 길게 자라지 않아요. 눈썹뿐만 아니라, 팔이나 다리에 난 털도 머리카락처럼 계속 자라지 않지요. 왜냐하면 우리 몸의 털은 자라는 속도와 자라는 기간이 다 다르기 때문이에요. 머리카락은 보통 3년 정도 자라면 저절로 빠져요. 눈썹은 3~4개월 정도 자라면 더는 자라지 않아요. 이렇게 자라는 기간을 '성장기'라고 해요. 머리카락의 성장기는 길고, 눈썹이나 피부 털의 성장기는 짧아요. 그래서 우리는 털북숭이로 변하지 않을 수 있는 거지요.

선생님께서 우리에게 돌아가면서 미래의 꿈을 발표하라고 하셨어. 내 단짝 친구인 민지 차례가 되었어. 그런데 민지는 수줍음이 많고, 부끄러움을 심하게 타거든.

"제 꿈은…… 동물원…… 사…… 사……."

교탁 앞에 선 민지는 심하게 말을 더듬었어.

"동물원 사자? 민지 꿈은 동물원 사자래요."

윤석이가 놀렸어. 아이들이 손뼉을

치면서 웃어댔어.

 그럴수록 민지는 더 부끄러워서 울먹거리고, 얼굴이 사과처럼 새빨개졌어.

 "민지 얼굴은 빨개. 빨간 건 사과. 사과는 맛있어. 맛있는 건 바나나……."

 윤석이와 돌돌이는 노래를 부르면서 민지를 놀려댔어. 민지는 발표를 끝까지 하지 못했어.

 "윤석이와 돌돌이, 친구가 발표하는데 끝까지 바른 자세로 들어야지요!"

 선생님께서 윤석이와 돌돌이를 혼내셨어. 민지는 부끄러운 얼굴로 자기 자리로 돌아와 고개를 푹 숙였어.

 다음 날 친구들이랑 동물원에 놀러갔어. 우리는 원숭이 우리 앞에서 원숭이들이 노는 걸 구경했어.

 "저 원숭이들 봐라. 엉덩이가 사과처럼 빨갛다! 왜

빨갛지?"

"부끄럽고 창피한가 봐. 우리 반에도 있잖아. 민지 말이야."

"원숭이 엉덩이는 빨개. 민지 얼굴도 빨개. 빨간 건 사과. 사과는 맛있어. 맛있는 건 바나나……."

돌돌이와 윤석이, 성훈이, 은희 등은 집에서 싸 온 바나나를 흔들면서 원숭이들을 놀렸어. 그 순간, 화가 잔뜩 난 대장 원숭이가 우리를 발로 차고 막 흔들었어.

철로 된 원숭이 우리의 문이 흔들리더니 쾅, 하고 문짝 한쪽이 넘어간 거야. 대장 원숭이가 씩씩거리면서 바나나로 놀린 아이들에게 달려왔어!

우리는 무서워서 덜덜덜 떨었어.

그때 민지가 원숭이와 눈을 마주치면서 조심스럽게 바나나를 까 주었어. 잔뜩 화가 났던 원숭이는

바나나를 한입 먹고는 기분이 풀렸나 봐. 민지의 손을 잡고 민지 등에 올라타더라.
"우와! 원숭이가 민지를 좋아하나 봐!"
"내 꿈이 동물원 사육사거든. 난 동물이 아주 좋아. 그래서 동물들도 나를 좋아하나 봐."
우리는 더 이상 민지를 놀리지

못했어. 와! 그런데 사람이 얼굴이 빨개지는 건 부끄러워 그런 것인데, 원숭이 엉덩이는 왜 빨간 거지?

4월 22일 토요일 | 날씨 꽃가루 때문에 재채기가 난 날

내 단짝 친구인 민지는 평소에 자신감이 없어 보인다. 그런데 그건 우리의 착각이었다! 동물원에 놀러갔을 때 원숭이가 우리를 탈출했다. 우리가 원숭이 엉덩이가 빨갛다고 놀렸기 때문이다. 그런데 민지가 원숭이에게 바나나를 주면서 달래서 화를 풀어 주었다. 사람은 겉만 보고 판단해서는 안 된다는 것을 깨달았다. 민지야, 우리 오랫동안 친구하자.

말 못하는 동물이라고 해서 놀리면 안 된단다.

선생님이 도와줄게!

원숭이 엉덩이가 빨간 이유는 사람 입술이 빨간 이유랑 같아요. 사람 입술이 왜 빨갛냐면 입술의 피부가 얇기 때문이에요. 피부 밑에는 혈관이라는 게 있어요. 혈관은 피가 흐르는 통로인데, 피부가 얇으니까 피가 흐르는 혈관이 비쳐 보이는 거죠. 그래서 입술이 빨갛게 보이는 거예요. 원숭이도 사람이랑 같아요. 원숭이는 입술의 피부가 얇은 게 아니라, 엉덩이 피부가 얇아요. 그래서 피부 밑에 있는 혈관이 다 비쳐 보이는 거예요. 피부가 얇아서 혈관의 빨간 피 색깔이 보이니까 엉덩이가 빨개 보이는 거랍니다.

"지진이 일어나면 땅이 심하게 흔들려요. 건물이 무너지고, 수많은 사람들이 죽거나 다친답니다."

소방서에서 소방관 아저씨들이 학교로 왔어. 우리들에게 지진 안전 교육을 시켜 주기 위해서였지. 소방관 아저씨들이 지진은 정말 무서운 거래.

상상해 봐. 땅이 흔들리면 높은 건물이 우르르 무너지고, 땅이 갈라지면서 자동차들이나 사람들이 땅속으로 빠지고, 다리가 끊어지면서 다리 위에 있는 자동차들이 우르르 강으로 떨어질 거야.

"그래서 지진이 일어나면 안전하게 피할 수 있도록 미리 훈련을 해야 해요. 집 안에 있을 때 지진을 느끼면, 튼튼한 테이블이나 책상 밑으로 들어가 그 다리를 꽉 잡고 몸을 피하세요."

소방관 아저씨는 또 지진이 일어나면 집 안에 불이 날 수 있다고 했어.

"작은 흔들림이 느껴지는 순간에, '지진이다! 불을

꺼라!'라고 소리치고 가스레인지나 난로의 불을 꺼야 해요."

나는 집으로 가자마자 미미와 애기를 불러서 지진 훈련을 시켰어.

"지진이 언제 일어나는지는 아무도 몰라. 그래서 미리 지진 대비 훈련을 해야 해. 다들 이걸 머리에 쓰도록

해. 지진이 나면 머리를 보호해야 하거든."

우리는 부엌으로 가서 튼튼한 냄비와 바가지, 프라이팬 등을 머리에 쓰고 끈으로 단단히 묶었어. 또 몸을 보호하려고 방석과 담요 등을 몸에 감았지.

"미미야, 애기야, 언니가 '지진이다! 불을 꺼라!'라고 소리치면 얼른 달려가서 가스레인지를 잠가야 해."

우리는 열심히 지진 대비 훈련을 했어. 애기랑 미미는 납작 엎드려서 "지진이다! 불을 꺼라!" 하고 소리쳤어.

그때 시장에 가셨던 엄마가 돌아오셨어. 엉망이 된 집 안을 보고 엄마의 입이 떡 벌어졌지.

"지진이 일어날지 몰라서 미리 안전 교육을 했어요."

"우리나라에 무슨 지진이 일어난다고 그래!"

그런데 그때 그 순간, 우르르르 땅이 울리기 시작하는 거야. 우리는 모두 눈이 왕방울만 해졌지.

"지진이다! 불을 꺼라!"

애기가 소리쳤어. 내가 부리나케 불을 껐어. 엄마는 어리둥절해서 멍한 표정을 지었어. 우리는 엄마 손을 이끌고 식탁 밑으로 들어가 식탁 다리를 꽉 잡았어.

그런데 더는 진동이 없었어. 뭔가 이상해서 조심스럽게 창밖을 내다봤지. 그런데 아주 큰 트럭과 기계가 땅을 파고 공사를 하는 게 아니겠어?

"휴, 진짜 지진인 줄 알았네. 자두 덕분에 우리 집은 지진이 일어나도 안전하겠구나."

엄마는 우리를 혼내지 않고 오히려 칭찬해 주었어. 그런데 지진은 왜 일어나는 걸까?

| 5월 29일 월요일 | 날씨 지진을 예고하는 구름이 뜬 날 |

학교에서 소방관 아저씨들에게 지진 안전 교육을 받았다. 우리 가족을 보호하려고 미미와 애기와 함께 지진 훈련을 했다. 냄비와 프라이팬 등을 망가뜨렸는데, 엄마가 용서해 주셨다. 지진이 안 일어나면 좋겠지만, 그건 내 마음대로 되는 일이 아니다. 그러니까 언제나 안전하도록 준비해야겠다.

안전 교육은 어른들과 꼭 함께 하도록 하렴.

선생님이 도와줄게!

땅속 깊은 곳에는 지층이란 것이 겹겹이 쌓여 있는데, 이 지층이 어떤 힘에 의해 끊어지거나 휘어질 수 있어요. 지층이 끊어지거나 휘어지면 땅이 뒤틀리고, 어긋나고, 어느 한쪽이 위로 올라가기도 하거든요. 그러면서 땅 위에서는 지진이라는 게 일어나는 거예요. 지진은 땅에서만 일어나는 게 아니에요. 바다에서도 일어나지요. 바다 속에서 지진이 일어나면 지진 해일이 일어나요. 지진 해일을 일본어로 쓰나미라고 하는데, 엄청나게 많은 양의 바닷물이 한꺼번에 몰려와서 육지를 쓸어버리는 무서운 현상이에요.

"얘들아, 오늘 월드컵 축구 시합 하는 날인 것 알지? 우리나라랑 프랑스랑 한대."

학교에 가니 축구를 좋아하는 윤석이가 들떠 있었어.

"너희들, 꼭 볼 거지?"

"당연하지. 우리는 애국자니까. 우리나라를 응원해야지!"

그런데 경기 시간이 문제였어. 우리나라에서 멀리 떨어진 영국에서 하기 때문에 새벽 2시에 경기를 한다는 거야.

"애들아, 모두 우리 집에 모여서 단체 응원을 하자. 그러면 졸리지 않을 거야."

돌돌이, 윤석이, 성훈이, 민지, 은희까지 붉은 악마 옷을 입고, 머리띠를 두르고, 풍선을 들고 우리 집에 모였어. 엄마는 오늘 특별한 날이니까 이해해 준다면서 친구들에게 생선구이 저녁상을 차려 주셨어.

그런데 밤 10시가 넘으니까 벌써 졸리기 시작했어.

"2시가 되려면 몇 시간 남았어?"

"3시간 59분 남았어."

"아, 애국자 되기 힘드네. 잠을 안 자고 살 수는 없나?"

윤석이의 말에 성훈이가 아는 척을 했어.

"그런 동물은 지구에 없어. 모든 동물은 잠을 자야 해. 그러니까 우리가 졸린 건 당연해."

성훈이의 대답에 나는 아니라고 했지.

"우리 집에 잠을 안 자는 동물이 있어. 눈을 감는 걸 못 봤어."

내 얘기에 아이들이 잠이 확 깼나 봐. 보여 달라고 난리였지. 난 아이들을 데리고 거실로 나왔어.

"이걸 봐. 이 안에 있어."

어항 속에 금붕어가 꼬리를 흔들며 헤엄치고 있었어. 금붕어는 눈을 감지 않아. 눈꺼풀이 없다고 아빠가 그러셨거든. 아이들은 신기해서 금붕어를 자세히 관찰했지. 그때 돌돌이가 소리쳤어.

"잠을 안 자게 하는 좋은 약이 있어. 나를 따라와 봐."

돌돌이는 우리 집 식탁을 가리켰어. 거기에는 우리가 아까 먹은 생선들이 남아 있었지.

"저 생선 눈알을 먹으면 우리도 눈꺼풀을 감지 않아서

잠이 안 올 거야."

"와! 돌돌이는 역시 먹을 걸 사랑하나 봐. 이런 걸 잘 찾네!"

우리는 너도나도 생선 눈알만 파먹었어.

"눈을 부릅떠! 물고기처럼!"

나는 눈꺼풀을 힘껏 까뒤집었어. 은희가 무섭다며

"꺄악!" 하고 비명을 지르더라.

우리는 "대한민국 짝짝짝짝짝!"을 외치면서 소파에 앉았어. 그리고 5분 후…….

드르렁 쿨, 드르러러렁 쿨쿨!

엄마는 우리가 모두 기절한 줄 알았대.

그런데 물고기는 정말 잠을 안 자는 걸까? 아니면, 눈을 뜨고 자는 걸까?

6월 16일 금요일 날씨 초여름답지 않게 뜨거웠던 날

친구들과 축구 시합을 보려고 우리 집에 모였다. 지붕이 날아갈 정도로 고래고래 소리를 지르면서 단체 응원을 준비했다. 그런데 잠이 너무 쏟아졌다. 돌돌이가 물고기는 눈을 감을 수 없으니까 우리도 물고기 눈알을 먹으면 눈을 감지 않을 거라고 했다. 그래서 우리는 생선 눈알을 막 파먹었다. 그런데 경기 시작 5분 후에 우리는 모두 기절한 것처럼 잠들었다. 눈을 파먹힌 생선만 불쌍했다.

우리나라 팀을 응원하는 것도 좋지만, 어린이는 잠을 충분히 자야 해.

선생님이 도와줄게!

물고기가 눈을 감고 자는 모습을 본 사람은 없을 거예요. 물고기는 눈을 감지 않아요. 그러면 물고기는 잠을 자지 않는 걸까요? 물고기도 잠을 자요. 단지 눈을 감고 자지 않을 뿐이에요. 정확하게 설명하면, 물고기는 눈을 감을 수가 없어요. 눈꺼풀이 없기 때문이에요. 물고기는 사람처럼 깊게 잠을 자지 못해요. 물고기는 잠을 자면서 아가미로 물을 계속 내보내야 하거든요. 숨을 쉬기 위해 물고기는 잠을 자는 동안에도 아가미를 끊임없이 계속 움직여야 하는 거예요. 또 잠을 잘 때 다른 큰 물고기한테 잡아먹힐 수가 있으니까 바짝 긴장을 하고 잠을 자야 해요. 그러니 잠을 깊게 잘 수가 없는 거예요.

뜨거운 여름 방학, 우리 동네는 들썩들썩 했어.

버스를 빌려서 동네 사람들이 함께 바다로 놀러가게

됐거든.

버스를 타고 가면서 친구들이랑 신나게 떠들었어. 민지는 바다에 간 적이 있었는데, 바닷물이 아주 짜다고 했어. 바닷물을 마시면 입안이 얼얼할 정도래.

버스가 도착하자 끝없이 푸른 바다와 눈부신 백사장이 우리를 기다리고 있었어. 우리는 민지 말이 맞는지 확인하려고 바다로 뛰어가 바닷물을 마셔 봤지.

"우웩, 퉤! 퉤! 정말 짜다!"

"저렇게 넓디넓은 바다가 다 소금물이라고? 왜 바다는 소금물이지?"

그때 은희가 또 잘난 척을 했어

"내가 책에서 읽었는데, 바다 깊은 곳에 소금이 나오는 요술 맷돌이 있대. 옛날 옛적에 임금님이 요술 맷돌을 갖고 있었는데, 나와라, 밥! 하면 맷돌에서 밥이 나오고, 그쳐라, 밥! 하면 뚝 그치는 신기한

맷돌이었대."

"임금님은 요술 맷돌 덕분에 큰 부자였겠네?"

"그래. 그런데 어느 날 도둑이 궁궐로 들어와 맷돌을 훔쳐서 바다 건너로 달아나려고 배를 탔대. 도둑은 배에서 나와라, 소금! 하고 외쳤는데 맷돌에서 소금이 계속 쏟아져 나왔대. 그런데 도둑은 그쳐라, 소금이라는 말을 몰랐던 거야. 소금이 산더미처럼 배에 계속 쌓여서는 그만 도둑과 함께 바다 깊은 곳으로 가라앉았대. 지금도 바다 깊은 곳에 있는 요술 맷돌에서 계속 소금이 나와서 바닷물이 짠 거야."

그런데 갑자기 오줌이 마려워서 화장실을 찾아갔더니, 화장실 지키는 아저씨가 100원을 내라는 거야. 엄마는 말도 안 된다면서 내 손을 잡고 바위 뒤로 넘어가 바다로 들어갔어.

조금 후에 엄마가 바다 속에서 부르르 몸을 떨더라. 나도 엄마처럼 시원하게 볼 일을 보고, 몸을 부르르 떨었지. 그런데 그 앞에서 아이들이 물놀이를 하고 있었어. 돌돌이와 윤석이, 성훈이가 고래 흉내를 낸다면서 바닷물을 입에 머금고 푸흣, 하고 내뱉었어. 아, 저 물은 그러니까……. 아, 얘기해야 하나 말아야

하나……. 아, 바닷물이 왜 짠지 알 것 같아. 요술 맷돌이 아니었어. 그런데 저 넓디넓은 바다의 소금은 모두 얼마나 될까?

| 8월 5일 토요일 | 날씨 바다 속으로 뛰어들고 싶은 날 |

바다에 가서 신나게 놀았더니 우리는 모두 새카맣게 타서 왔다. 바닷물은 무척 짰다. 나는 한 번 맛보았는데, 두 번은 맛볼 수 없었다. 그 이유는 엄마 때문이다. 엄마가 화장실에 100원을 낼 수 없다고 바다에서 볼 일을 보라고 했기 때문이다. 돌돌아, 윤석아, 성훈아, 바닷물이 짠 이유를 알겠니? 정말 미안해. 흑!

공중도덕에 어긋나는 행동을 해서는 안 돼.

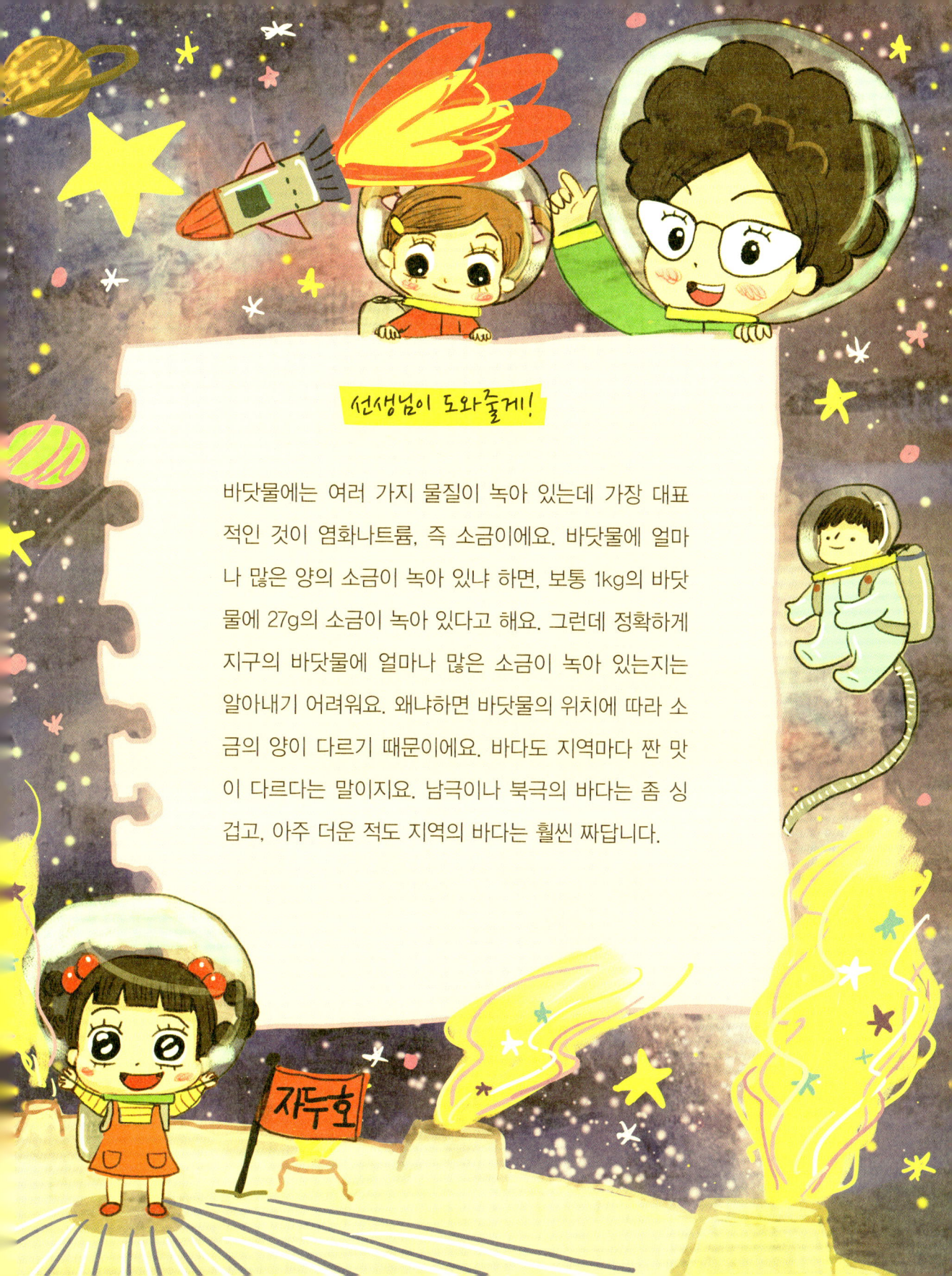

선생님이 도와줄게!

바닷물에는 여러 가지 물질이 녹아 있는데 가장 대표적인 것이 염화나트륨, 즉 소금이에요. 바닷물에 얼마나 많은 양의 소금이 녹아 있냐 하면, 보통 1kg의 바닷물에 27g의 소금이 녹아 있다고 해요. 그런데 정확하게 지구의 바닷물에 얼마나 많은 소금이 녹아 있는지는 알아내기 어려워요. 왜냐하면 바닷물의 위치에 따라 소금의 양이 다르기 때문이에요. 바다도 지역마다 짠 맛이 다르다는 말이지요. 남극이나 북극의 바다는 좀 싱겁고, 아주 더운 적도 지역의 바다는 훨씬 짜답니다.

"진짜야! 내가 사진을 봤다니까! 공룡이 살아 있었다고!"

윤석이가 빡빡 우겨댔어. 살아 있는 공룡 사진을 봤다는 거야.

나를 비롯해 아이들이 아무도 믿어 주지 않으니까, 윤석이는 집에 가서 아빠의 노트북을 들고 왔어.

"이건 영국에 있는 네스 호라는 호수인데, 이 호수에 공룡이 살아 있대. 인공위성에 찍힌 거 보여?"

윤석이가 보여 준 사진 속에는 목이 긴 동물이 네스 호에서 헤엄치고 있었어.

내가 코웃음을 치니까 윤석이는 또 다른 사진을 보여 줬어.

"이건 일본에서 찍은 사진이야. 바다에서 그물에 걸린 무게가 2톤이나 되는 괴수인데, 이미 죽어 있더래. 검사해 보니까 1억 년 전 동물이었대. 1억 년 전에 살던 이렇게 큰 동물이면 공룡이잖아!"

사진 속에는 공룡처럼 목이 길고 어마어마하게 큰 동물이 어선에 잡혀 있었어.

윤석이가 보여 준 마지막 사진은 백두산에서 찍은 것이었어. 백두산에 오리처럼 넓적한 주둥이에 소머리 모양을 한 괴물이 다섯 차례나 목격되었다고 중국 신문에 실렸다는 거야. 머리가 황소만큼 크고, 입이 툭

튀어나오고, 털이 난 목의 길이가 1미터나 된다고 했어.

"이건 오리주둥이 공룡이잖아!"

성훈이가 한눈에 알아보고 소리쳤어.

"내 말이 맞지? 그렇지?"

윤석이가 어깨에 잔뜩 힘을 주더라고. 나는 윤석이 말을 믿을 수가 없어서 선생님에게 물어보자고 했어.

"좋아, 내기 하는 거야! 진 사람이 치킨 내기다!"

윤석이의 말에 나는 목이 움츠러들더라. 저금통을 털어도 치킨을 사 줄 돈은 없었거든.

우리는 우르르 선생님 댁을 찾아갔지. 윤석이가 찾은 공룡 사진 등을 보여 주면서 진짜 공룡이 아직 살아 있느냐고 선생님에게 여쭤 봤어.

"치킨 내기를 했단 말이지? 잠시만 기다려라. 내가 공룡 고기를 맛보게 해 줄게."

선생님은 거실로 나가서 어디론가 전화를 하셨어. 공룡 고기를 주문하는 거라고 하셨어. 선생님이 설마 거짓말을 하시진 않을 테고, 우리는 두근두근 콩닥콩닥 심장이 뛰면서 공룡 고기를 기다렸어.

딩동딩동!

배달원이 맛있는 냄새가 풍기는 상자를 꺼냈어.

"이것이 공룡 고기란다. 호호호! 오늘은 공룡 고기 파티야!"

정말로 아직 살아 있는 공룡이 있는 걸까?

| 9월 8일 금요일 | 날씨 밤이 조금 길어졌다고 느낀 날 |

　윤석이랑 살아 있는 공룡이 있는지 치킨 내기를 하고 선생님을 찾아갔다. 그러자 선생님이 공룡 고기를 배달시켰다. 그런데 공룡 고기는 치킨을 말하는 것이었다. 선생님은 최근에 과학자들이 연구한 결과, 공룡이 진화해서 새가 됐다고 알려 주셨다. 공룡이 변해서 닭이 됐다는 뜻이다. 와! 정말 신기하다! 또 공룡 고기 먹고 싶다!

과학적인 호기심을 갖는 너희들이 기특하구나!

선생님이 도와줄게!

공룡은 2억 3천만 년 전부터 6천 600만 년 전까지 지구에 살았어요. 공룡이 왜 멸종했는지는 아직 확실하게 밝혀지지 않았어요. 지구가 너무 추워져서 공룡이 멸종했다고도 하고, 지구에 커다란 운석이 충돌해 엄청난 먼지가 햇빛을 가로 막아 공룡의 먹이인 식물이 자라지 못해 멸종했다고도 해요. 하지만 어떤 추측도 추측일 뿐 정확하게 밝혀진 사실은 없어요. 그런데 그렇게 많던 공룡들이 다 사라진 것일까요? 오래전에 시조새라고 불리는 날개 달린 공룡 화석이 발견됐지요. 그리고 그 이후에 공룡과 새가 서로 어떤 관련이 있다는 증거가 발견되기 시작했어요. 그러니까 공룡이 진화해서 새가 됐을 수도 있겠죠?

　할아버지께서 고구마 농사가 풍년이 들었다면서 고구마를 몇 상자 보내 주셨어. 엄마는 신이 나서 아침은 고구마 밥, 점심은 삶은 고구마, 간식은 고구마 튀김, 저녁은 구운 고구마를 주셨지. 처음 하루는 맛있었는데, 이틀이 지나고 사흘째가 되니까, 고구마의 '고' 자만 봐도 꺼억, 하고 트림이 나올 지경이 됐어.

　그런데 문제가 생겼지. 뿡! 소리가 나기 시작한 거야. 아빠가 뿡, 하면 엄마가 대답을 하듯이 뿡! 내가 뿡, 하면 미미와 애기가 합창을 하듯이 뿡!

　우리 집은 하루 종일 뿡뿌붕, 뿡뿌르뿡뿡, 방귀 소리가 이어졌어. 고구마를 먹으니까 뱃속에 가스가 생긴다고 아빠가 그러셨어.

　나는 방귀를 참아 보려고도 했지. 그런데 뱃속이 불편해지고, 배에서 꾸룩꾸룩 소리까지 나더라고.

　"자두야, 방귀는 참는 게 아니야. 방귀를 참으면 그 방귀가 어디로 가겠니? 방귀가 몸 안에 있는 게 좋겠니, 몸 밖에 있는 게 좋겠니?"

　엄마의 말씀대로, 우리 가족은 방귀를 시원하게 뀌기로 했어.

　어떤 때는 아빠와 엄마가 방귀 대결을 하는 것 같아.

　아빠 방귀는 오토바이 방귀야. 아빠는 걸어가거나 달려가면서 동시에 방귀를 연속으로 빠바바바바방! 하고 뀔 수 있지.

　엄마 방귀는 트럼펫 방귀야. 트럼펫을 불듯이 빠바아앙, 빠바방, 하면서 길게 뀔 수 있어.

내 방귀는 폭탄 방귀야. 한 방에 빵, 터져. 나도 아빠 엄마처럼 우아하게 방귀를 뀌는 연습을 하는 중이야.

그런데 성훈이가 공원에서 만나자고 해서 나갔어. 성훈이가 예쁘게 포장한 선물을 내밀었어. 나를 주려고 머리핀을 샀더라.

"자두야, 내가 널 좋아하는 거 알지?"

성훈이는 수줍어하면서 고백했어. 난 기분이 좋았지만, 겉으로 티를 안 냈어. 너무 티를 내면 공주의 품격이 떨어진단 말이야.

아, 하필이면 그때, 방귀가 나오려고 할 게 뭐야! 엉덩이에 힘을 잔뜩 줬지만, 뱃속이 꾸룩꾸룩 방귀가 나오려고 아우성을 치더라. 방귀가 뱃속에서 꾹꾹 쌓이는 것 같았어. 난 도저히 참을 수가 없었어.

반짝! 좋은 생각이 나더라. 방귀를 뀌는 동시에 있는

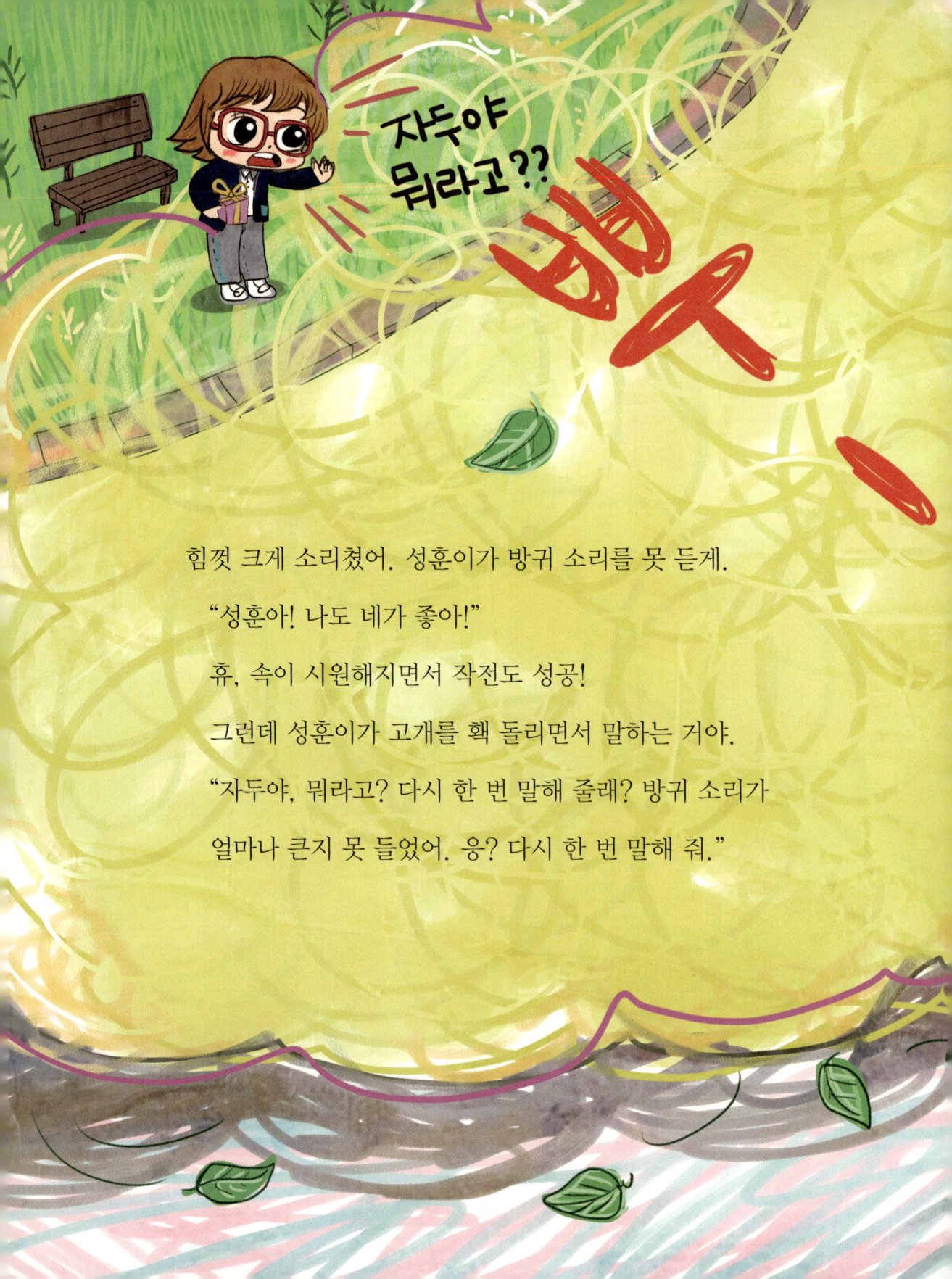

힘껏 크게 소리쳤어. 성훈이가 방귀 소리를 못 듣게.

"성훈아! 나도 네가 좋아!"

휴, 속이 시원해지면서 작전도 성공!

그런데 성훈이가 고개를 휙 돌리면서 말하는 거야.

"자두야, 뭐라고? 다시 한 번 말해 줄래? 방귀 소리가 얼마나 큰지 못 들었어. 응? 다시 한 번 말해 줘."

나는 너무 창피했어. 그런데 방귀를 참으면 어떻게 될까?

10월 17일 화요일

날씨: 방귀 때문이 아니야! 미세먼지 때문이야!

아! 최자두의 인생에 이런 창피한 일이 또 있을까? 일기를 쓰는 지금 이 순간에도 방귀가 계속 나온다. 방귀는 내 인생의 친구가 되었나 보다. 이제는 고구마를 안 먹어도 방귀가 계속 나온다. 방귀를 참고 싶은데 아빠는 참으면 병이 된다고 했다. 이러다가 방귀 소녀로 동네에 소문이 날 것 같다. 방귀를 참으면 그 방귀는 어디로 가는 거지?

사람은 누구나 방귀를 뀐단다.

선생님이 도와줄게!

사람은 누구나 하루에 10~20번 방귀를 뀌어요. 방귀를 많이 뀌는 건 병이 아니에요. 어떤 음식을 어떻게 먹었는지에 따라 방귀를 자주 뀌기도 하고, 덜 뀌기도 하니까요. 방귀는 참으면 안 돼요. 방귀 뀌는 게 창피해서 방귀를 참으면, 그 방귀는 어디로 갈까요? 사람 몸에는 입과 똥구멍 말고는 다른 구멍이 없잖아요. 그래서 몸속에 가스가 쌓이면 트림이 돼 입으로 나오거나 방귀가 돼 똥구멍으로 나오는 거예요. 만약 방귀를 계속 참으면 그 방귀는 큰창자 속에 꾹꾹 눌려지게 되고, 너무 심하게 참으면 큰창자가 부풀어서 배가 아플 수도 있어요.

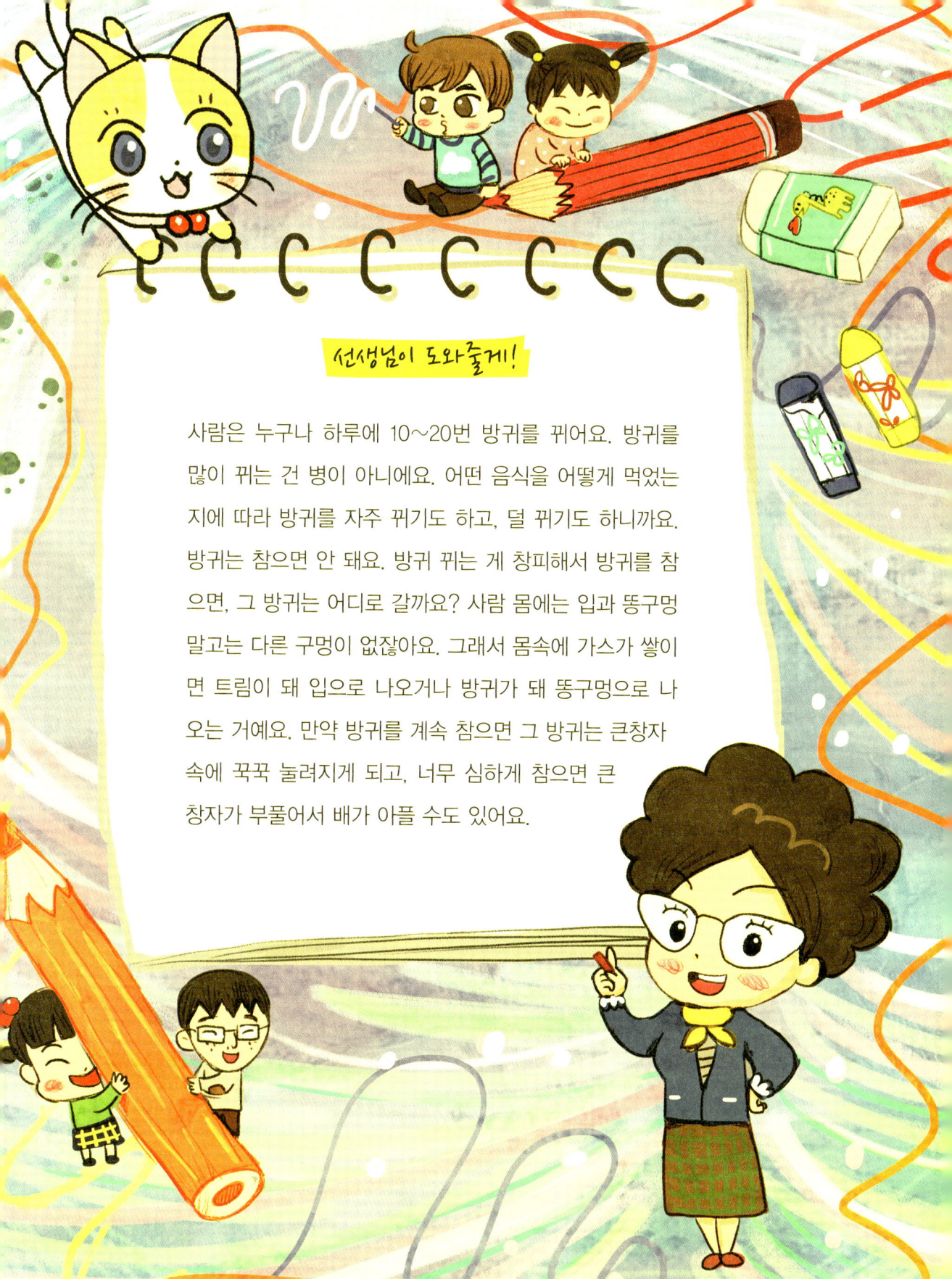

"휴대폰은 진동으로 바꿔 주시고, 전시 물품에 손대지 말아 주세요."

체험 학습을 위해 대한민국 역사박물관에 갔어. 우리는 기분이 들떠서 떠들고 장난을 쳤어. 안내원 선생님이 우리에게 주의를 주셨어.

"1988년에 서울에서 올림픽 대회가 열렸답니다. 이것은 올림픽 대회에서 사용된 물건이에요. 무엇일까요?"

안내원 선생님께서 금빛으로 반짝이는 몽둥이 같은 걸 가리켰어.

"저것은 우리 집에도 있어요. 우리 엄마가 종종 사용하시거든요."

"오? 그러니?"

안내원 선생님이 신기해하는 얼굴이었어.

"네. 엄마가 아빠가 술 드시고 늦게 들어오시면 북엇국을 끓이기 위해 북어를 마구 두드려 팰 때 사용하시지요."

'에휴, 에휴, 이런 애는 처음 보네.' 하면서 안내원 선생님이 중얼거렸어.

"이것은 성화봉이라는 거예요. 이 성화봉에 불을 붙여 운반하면서 올림픽의 시작과 끝을 알리는 거예요."

불을 붙여서 옮기는 몽둥이라니, 신기하기는 했어.

전시실을 돌아다니는데, 가발이 있는 게 아니겠어? 어떤 대머리 아저씨가 잠깐 벗어 놓고 간 것 같았어.

나는 주변을 두리번거리다가 몰래 내 머리에 썼지. 그런데 가발이 눈을 가렸어.

"귀신이다! 귀신이 나타났다!"

아이들이 나를 보고 쫓아오는 거야. 나는 도망치다가 앞이 잘 안 보여서 넘어졌어.

쿵! 억! 쾅! 악! 탕! 윽!

인형이 넘어지고, 새마을 깃발이 넘어지고, 지도가 넘어지고, 전시물들이 우르르 넘어졌어. 나는 안내원 선생님에게 잡혀서 혼이 났어.

가발은 대머리 아저씨가 벗어 놓은 게 아니라, 오래전에 우리나라가 가난했을 때 외국에 수출하던 수출품이었대.

안내원 선생님은 서둘러 마무리를 하려고 하셨어. 우리가 또 무슨 사고를 칠까 봐 걱정하는 얼굴이었지.

나는 훌륭한 학생이 되고 싶어서 질문을 했지.

"선생님, 궁금한 게 있는데요. 우리나라 이름인 대한민국은 누가 지었어요?"

"그것도 몰라? 아빠잖아. 대한이, 민국이 아빠."

돌돌이가 옆에서 속삭였어. 그러자 성훈이가 한술 더 뜨더라고.

"아빠는 무슨 아빠야! 대통령이지. 우리나라 대통령이 지었어."

"무식한 것들! 대한민국이란 이름을 누가 지었는지도 모르면서 대한민국 국민이라고 할 수 있어?"

내가 한바탕 소리를 지르니까 아이들이 찔끔 겁을 먹더니 "너도 모르잖아!"라고 말했어. 나도 부끄럽더라.

11월 9일 목요일 날씨 여우비가 내린 날

대한민국 역사박물관으로 체험 학습을 다녀왔다. 우리나라 수출품인 가발을 쓰고 돌아다니다가 귀신으로 오해 받았다. 그래서 도망치다가 그만 전시물들을 넘어뜨리고 말았다. 박물관에서는 절대로 전시물품에 손을 대면 안 된다는 것을 알게 되었다. 그런데 대한민국 국민이라면, 대한민국 이름을 누가 지었는지 정도는 알아야 하는 것 아닐까? 내 주변에 아는 사람이 없다!

우리나라를 사랑하는 애국자라면 당연히 알아야 할 상식이지.

선생님이 도와줄게!

우리나라의 정확한 이름은 대한민국이에요. 1897년, 고종 임금이 우리나라의 국호를 '대한제국'이라고 알렸어요. '한'은 우리의 고유한 나라 이름이고, 고구려, 백제, 신라 등 원래 삼한을 아우른 것이니 '큰 한'이라는 뜻으로 대한이 된 거예요. 그렇다면 민국은 어떤 뜻일까요? 민국은 '국민이 주인인 나라'라는 뜻이에요. 우리나라의 독립을 위해 일본과 싸우던 대한민국 임시정부에서 '대한'이란 국호에 '민국'을 합쳐 '대한민국'이라고 정했어요. 대한민국 임시정부의 임원이자, 독립 운동가였던 '신석우'라는 분이 대한민국을 국호로 정하자고 의견을 냈고, 만장일치로 결정된 거예요. 따라서 대한민국이란 국호는 대한민국 임시정부에서 만든 것이랍니다.

호기심 11 스마트폰을 왜 나쁘다고 할까?

미래에서 온 스마트폰

이건 내 거야

"와, 멋지네! 화면이 정말 크네!"

윤석이 손에는 커다란 스마트폰이 들려 있었어.

"이거 최신형이다! 물속에 들어가도 되고, 별의별 게임이 다 된다!"

윤석이는 침을 튀기면서 자랑했어.

"나도 한 번만 만져 보자."

내가 손을 내미니까, 윤석이는 스마트폰을 들고 휙 돌아앉는 거야. 나는 화가 나서 혼자 일어났어. 그렇지만 집으로 가면서 어깨가 축 처졌어.

엄마랑 아빠한테 스마트폰을 사 달라고 한 적이 있었지. 하지만

내 말을 들으려고 하지도 않으셨기 때문이야. 지금도 공부 안 하고 컴퓨터만 하려고 한다고 뭐라 하셨거든.

그런데 집 앞 나무 위에 뭔가 걸려 있는 거야. 둥글게 생겼는데 손목에 감을 수도 있고, 머리띠처럼 두를 수도 있었어.

난 머리띠처럼 둘렀어. 그러자마자 놀라운 일이 일어났어! 부르릉, 부르릉, 하면서 진동이 일어나더니 목소리가 들리는 거야.

'나는 2027년 미래에서 온 4차원 스마트폰 지니입니다. 미래 세계에 사용되는 스마트폰인데, 무슨 이유에서인지 시간의 틈새에 왜곡이 생기면서 그 파장으로 이곳에 떨어진 것입니다.'

스마트폰의 목소리는 나만 들을 수 있었어. 내 뇌파를 이용해 머릿속으로 직접 전달한다고 했거든.

'앞으로 최자두 양이 원하는 즐거움은 모두 만들어 드리겠습니다.'

"게임 있으면 하나 줘 봐."

그러자마자 내 눈앞에 화려한 장면이 펼쳐진 거야.

"놀라워! 신기해! 짜릿해! 즐거워!"

스마트폰이 이렇게 좋은 것인데, 왜 어른들은 나쁘다고 하지?

나는 스마트폰을 엄마한테 들키면 뺏길 테니까 내 방 깊숙이 감춰두고 몰래 했지. 친구들이 놀자고 해도 나는 집 밖으로 나가지 않았어. 친구들보다 스마트폰이랑 노는 게 더 재밌었거든.

'스마트폰이 친구보다 더 좋아. 밥 먹는 것보다 더 좋아. 세상에서 제일 좋아!'

학교에 가서 스마트폰을 하지 못하면 다리가 덜덜

떨리고 불안해졌어. 수업만 끝나면 나는 곧장 집으로 왔지. 내 방에 틀어박혀 방문을 걸어 잠그고 게임을 했어. 그런데 게임에서 막 레벨이 올라가려는 순간, 갑자기 눈앞이 어질어질해지더니 숨이 가빠 오고 팔이 떨리는 거야.

'띠, 띠, 띠, 위험! 위험! 경고! 도파민과 세로토닌 부족! 최자두 양의 뇌세포에 문제 발생!'

4차원 스마트폰에서 빨간 빛이 번쩍거리면서 경고 메시지가 나타났어. 대체 나한테 왜 이런 문제가 생긴 거지?

| 12월 1일 금요일 | 날씨 스마트폰이 춥다고 알려 준 날 |

 미래에서 온 4차원 스마트폰에 중독이 되고 말았다. 한순간도 스마트폰을 하지 않으면 견딜 수가 없다. 너무나 재미있지만, 결국 나는 스마트폰의 노예가 되고 말았다. 나는 시간이 아까운 줄 모르고 하루 종일 스마트폰만 잡고 있다. 공부도 안 하고, 책도 안 읽는다. 이러다가는 바보가 될 것 같다. 그래도 스마트폰을 버리고 싶지는 않다. 어떻게 하면 좋지?

스마트폰으로 시간을 뺏기지 않도록 해.

선생님이 도와줄게!

스마트폰은 좋은 점도 있지만, 나쁜 점도 있어요. 스마트폰에 중독이 된다는 거예요. 스마트폰에 중독된다는 것은, 스마트폰을 너무 오래 사용하면서 이상한 습관이 생기고, 눈이 나빠지고, 폭력적인 행동을 하게 된다는 거예요. 또 소중한 시간을 쓸데없는 일로 낭비하게 되지요. 밤늦게까지 스마트폰을 쓰면 성장호르몬이 잘 나오지 않아 키가 크지 않아요. 목뼈의 모양이 변하는 거북목 병, 등뼈가 휘는 척추 측만증에 걸릴 수도 있답니다.

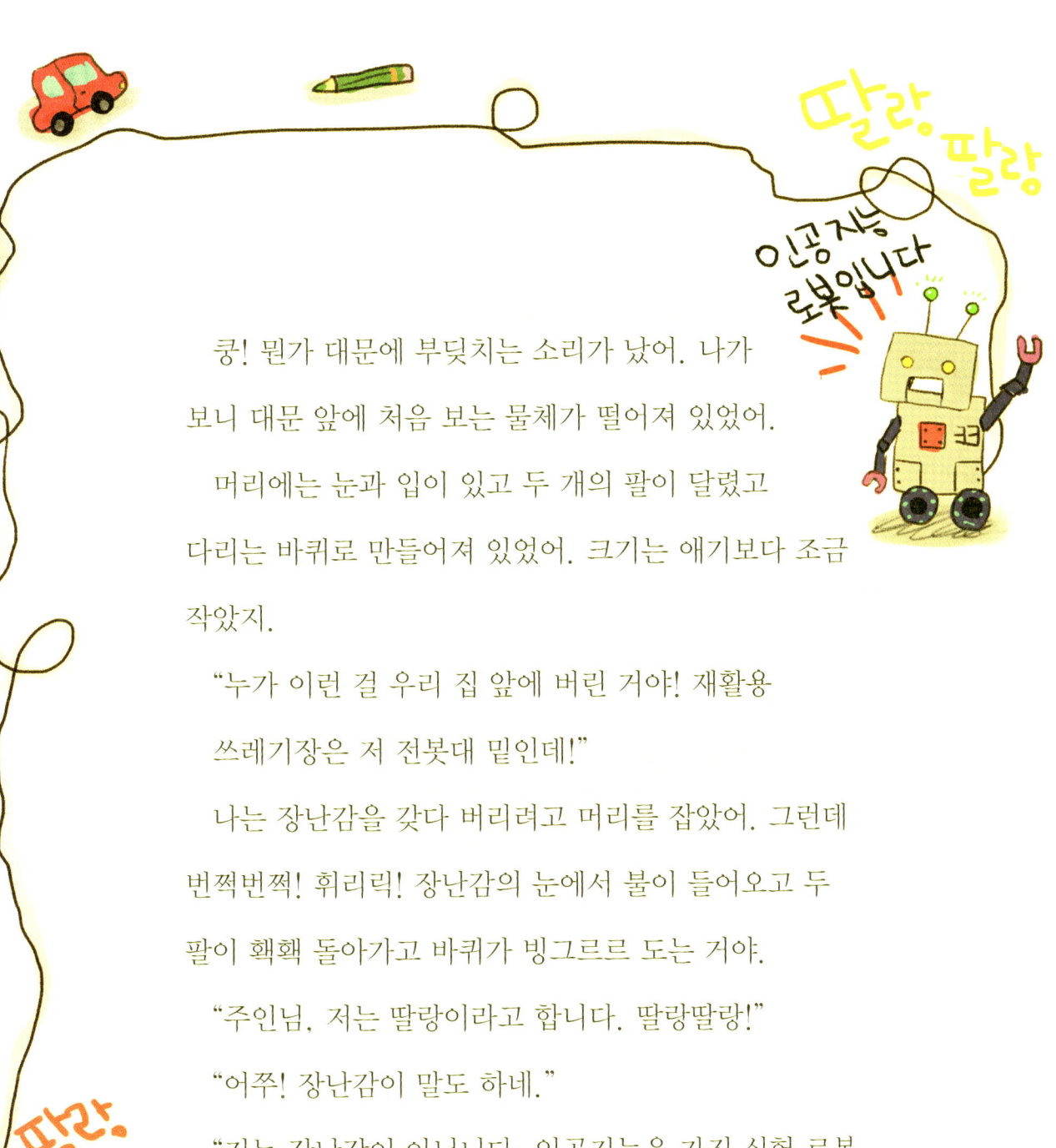

쿵! 뭔가 대문에 부딪치는 소리가 났어. 나가 보니 대문 앞에 처음 보는 물체가 떨어져 있었어.

머리에는 눈과 입이 있고 두 개의 팔이 달렸고 다리는 바퀴로 만들어져 있었어. 크기는 애기보다 조금 작았지.

"누가 이런 걸 우리 집 앞에 버린 거야! 재활용 쓰레기장은 저 전봇대 밑인데!"

나는 장난감을 갖다 버리려고 머리를 잡았어. 그런데 번쩍번쩍! 휘리릭! 장난감의 눈에서 불이 들어오고 두 팔이 홱홱 돌아가고 바퀴가 빙그르르 도는 거야.

"주인님, 저는 딸랑이라고 합니다. 딸랑딸랑!"

"어쭈! 장난감이 말도 하네."

"저는 장난감이 아닙니다. 인공지능을 가진 실험 로봇

33호입니다. 저는 엘론 연구소에서 만들어졌는데, 자동차에 싣고 가다가 고장 난 차문이 열리면서 밖으로 떨어진 것입니다. 딸랑딸랑!"

딸랑이는 연구소 박사들이 자신을 찾으러 올 때까지 안전하게 우리 집에 있게 해 달라고 부탁했어.

"주인님, 배가 고픕니다. 먹을 것 좀 주세요."

딸랑이는 전기가 밥이라면서 전기 코드를 꽂아 달라고 했어. 딸랑이가 충전하는 동안에 나는 옆에서 머리가 아픈 과학 숙제를 했지.

"모양이 있고, 공간을 차지하는 것은 무엇일까요?"

"주인님, 그건 물체잖아요. 이 방에 있는 줄넘기, 자동차, 비행기, 인형 등은 다 물체예요.

딸랑이는 신기하게도 척척 알아맞혔어. 나는 딸랑이 덕분에 과학 숙제를 금방 할 수 있었어.

"주인님, 저는 모르는 게 없어요. 인공 지능을 갖고 있어서 머리가 엄청나게 좋아요."

우와! 좋았어! 나는 친구들에게 전화했어. 어려운 숙제가 있으면 다 갖고 오라고 했어.

"세상에 공짜는 없어. 그건 다들 알고 있겠지? 윤석이는 떡볶이를 사 오고, 성훈이는 과자, 민지는 초콜릿 그리고 돌돌이는 내 방 청소, 은희는 나 대신에 설거지를 하도록 해. 우리 엄마 오시기 전에."

아이들은 약간 억울한 표정을 지었지만, 할 수 없이 내가 시킨 일들을 했어.

"주인님, 그런데 숙제는 다른 사람이 대신 하는 게 아니라고 배웠어요. 이건 나쁜 짓 같은데……."

"시끄러워! 너도 내가 말하는 대로 안 하면 확, 그냥 전기 코드를 빼 버린다!"

"아, 네. 알겠습니다. 뭐든 시켜만 주세요. 딸랑딸랑!"

딸랑이는 숙제와 학습지들을 순식간에 해치웠어.

그런데 다음 날, 학교에 가서 숙제 검사를 받을 때였어. 선생님께서 교탁을 탕, 탕, 치시면서 호통 치셨어.

"자두, 윤석이, 성훈이, 돌돌이, 은희, 민지! 너희는 숙제가 다 엉터리야! 오늘 남아서 청소하도록 해!"

아이들이 씩씩대면서 나한테 화를 냈어. 난 집에 가서 딸랑이를 혼내 주어야겠다고 마음먹었지. 그런데 집에 도착하니 딸랑이는 사라지고 편지가 하나 남아 있었어.

12월 19일 화요일 | 날씨 손이 꽁꽁 시린 날

로봇한테 당했다! 로봇이라고 무시했는데 알고 보니 인간을 능가하는 꾀돌이 로봇이었다! 앞으로 딸랑이 같은 머리 좋은 로봇들이 많이 나오면 세상이 어떻게 변할까? 인간이 머리 좋은 로봇들의 노예가 되는 건 아닐까? 지금 쓰는 일기도 딸랑이가 어디선가 인터넷 CCTV를 이용해 지켜보는지도 모르겠다. 인공지능 로봇이 인간을 지배하지 못하도록 내가 더 똑똑해져야 하는데!

참! 잘했어요

아직은 인공지능이 사람보다 못하는 게 많단다.

선생님이 도와줄게!

얼마 전에 '알파고'라는 인공지능이 이세돌 기사와 바둑 대결을 한 걸 본 친구들이 있을 거예요. 알파고가 4승 1패로 이기면서 전 세계는 충격에 빠졌지요. 인공지능이 어디까지 발전할지 예측하기는 어려워요. 그런데 확실한 사실은 인공지능을 가진 로봇이라고 해도 인간의 능력을 따라오기는 힘들다는 거예요. 인공지능이 잘하는 것은 사람 이름 외우기, 계산 빨리하기 등이지요. 하지만 못하는 영역이 있어요. 바로 창의력이에요. 창의력은 새로운 생각을 하는 능력이에요. 창의력이 있어야 발명도 하고 세상에 없는 것을 만들어 내는데, 인공지능은 저장돼 있는 것을 검색해서 알려 주는 것은 잘하지만, 저장이 안 돼 있는 것을 새로 만들어 내는 건 불가능해요.

경제를 놀이처럼 쉽고 재미있게!
스마트한 세 살 경제 습관이 여든 간다!

아빠가 알려 주는 경제 이야기

부자가 되고 싶다고요?
자유롭게 돈을 쓰면서 살고 싶다고요?
《태토의 부자 되는 시간》에는
부자가 되는 비밀이 들어 있어요!
똑똑한 경제 동화가 미래의 나를
부자로 만들어 줄 거예요!

신비아파트 학습 보드게임

카드 게임도 하고
속담, **고사성어**, **국기**도 익히고!

www.haksanpub.co.kr (주)학산문화사 문의 02-828-8962